16	3	2	13
5	10	11	8
9	6	7	12
4	15	14	1

Juó Bananére

LA DIVINA INCRENCA

*Reprodução integral
da primeira edição de 1915*

*acrescida de textos introdutórios de
Otto Maria Carpeaux e
Antônio de Alcântara Machado*

editora 34

EDITORA 34

Editora 34 Ltda.
Rua Hungria, 592 Jardim Europa CEP 01455-000
São Paulo - SP Brasil Tel/Fax (11) 3811-6777 www.editora34.com.br

Copyright © Editora 34 Ltda., 2001

A Editora 34 agradece a Biblioteca Guita e José Mindlin pela cessão do exemplar da primeira edição de *La divina increnca*, de 1915, reproduzido neste volume.

O texto *Uma voz da democracia paulista*, de Otto Maria Carpeaux, foi gentilmente cedido pela Topbooks.

A FOTOCÓPIA DE QUALQUER FOLHA DESTE LIVRO É ILEGAL, E CONFIGURA UMA APROPRIAÇÃO INDEVIDA DOS DIREITOS INTELECTUAIS E PATRIMONIAIS DO AUTOR.

Edição conforme o Acordo Ortográfico da Língua Portuguesa.

Capa, projeto gráfico e editoração eletrônica:
Bracher & Malta Produção Gráfica

Revisão:
Alexandre Barbosa de Souza

1ª Edição - 2001 (1ª Reimpressão - 2007), 2ª Edição - 2015

Catalogação na Fonte do Departamento Nacional do Livro
(Fundação Biblioteca Nacional, RJ, Brasil)

      Bananére, Juó (Alexandre Ribeiro Marcondes
      Machado, 1892-1933)
B32d   La divina increnca / Juó Bananére (Alexandre
      Ribeiro Marcondes Machado); reprodução integral
      da primeira edição de 1915 com textos introdutórios
      de Otto Maria Carpeaux e Antônio de Alcântara
      Machado. — São Paulo: Editora 34, 2015 (2ª Edição).
      72 p.

      ISBN 978-85-7326-216-2

      1. Humor e sátira — Século XX — Literatura
brasileira. I. Machado, Alexandre Ribeiro Marcondes.
II. Carpeaux, Otto Maria, 1900-1978. III. Machado,
Antônio de Alcântara, 1901-1935. IV. Título.

CDD - 869.7B

Este livro foi composto em Sabon pela Bracher & Malta, com CTP da New Print e impressão da Graphium em papéis Alta Alvura 75 g/m² e Pólen Bold 90 g/m² da Cia. Suzano de Papel e Celulose para a Editora 34, em janeiro de 2015.

LA DIVINA INCRENCA

À GUISA DE APRESENTAÇÃO
Uma voz da democracia paulista
   Otto Maria Carpeaux ix
Juó Bananére
   Antônio de Alcântara Machado xv
Nota biográfica xxi

LA DIVINA INCRENCA xxv

À GUISA DE APRESENTAÇÃO

*Textos de
Otto Maria Carpeaux e
Antônio de Alcântara Machado*

UMA VOZ DA DEMOCRACIA PAULISTA

Otto Maria Carpeaux

Já foram reeditadas as poesias de Alphonsus. Desejável e urgente seria uma edição crítica de Augusto dos Anjos. Eis o nome de dois grandes poetas. Não convém colocar junto a eles, na mesma categoria, outro poeta, modesto e alegre. Digo isto apenas porque também desejo, há muito, a reedição do seu livro, que virou inacessível e portanto desconhecido às novas gerações de leitores. O poeta chama-se Juó Bananére e foi uma voz, talvez a primeira, da democracia paulista.

Pela imprensa e pelo rádio já pedi atenção para esse esquecido. O insucesso do esforço talvez justifique ou desculpe a repetição. O assunto é importante.

A literatura brasileira não tem muitos poetas humorísticos. Os que se costuma chamar assim são, as mais das vezes, satíricos, cujos epigramas "honram mais seu coração que seu espírito"; são inofensivos. O conceito da poesia no Brasil sempre foi romântico ou retórico ou solene. Até o grande humorista Machado não o é em seus versos. O humor de Carlos Drummond de Andrade pertence a uma outra categoria, mais alta. Juó Bananére, porém, é uma categoria *per se* modesta, mas na qual não tem companheiro.

Juó Bananére é, naturalmente, um pseudônimo. O homem, nascido em 1892 e falecido em 1933, chamava-se Alexandre Ribeiro Marcondes Machado. Foi, salvo engano, parente próximo do Ministro Marcondes Filho. Antônio de Alcântara Machado, o inesquecido, e Oswald de Andrade dedicaram-lhe páginas de crítica, *et pour cause*. Pois Juó pode ser considerado como precursor do Modernismo, para o qual contribuiu, desmoralizando os deuses parnasianos. Mas também foi precursor de outros modernismos mais radicais: de modificações sociais que só hoje são plenamente percebidas em São Paulo e no Brasil.

Ele próprio talvez se admirasse dessa apreciação. Não aspirava a tanto com suas crônicas e poesias divertidas, escritas no engraçado dialeto ítalo-português dos imigrantes italianos em São Paulo. Chegou a editar semanários humorísticos, dos quais o último se chamava "Diario Semanale di Grande Impurtanza, pruprietá di una Societá Anonima cumpretamente disconhicida". Como "Candidato à Gademia Baolista de Letras" assinou Juó Bananére seu livro, publicado em 1924: *La divina increnca*. São paródias de conhecidas poesias brasileiras, sátiras contra os poderosos daquele tempo em São Paulo e contra o marechal Hermes etc., sempre naquela mistura de duas línguas.

Muitas vezes só visa efeito inofensivamente humorístico. Assim quando afirma que a uma de suas poesias foi conferida, numa exposição internacional em Várzea do Carmo, a "medaglia di brigliantina". Zomba de tudo e de todos. "Os Meus Oito Anos", do bom Casimiro, transformam-se em "Meus Otto Anno": "O chi sodades che io tegno/ D'aquillo gustoso tempigno,/ Ch'io stava o tempo intirigno/ Bringando c'oas mulegada." etc. Mas o objeto preferido de Juó Bananére são os parnasianos.

Seu senso crítico é insubornável. Resiste à retórica. Percebe o truque teatral nas repetições solenes de Bilac, no soneto "Cheguei, Chegaste...", e repete, à sua maneira: "Xiguê, xigaste. Vigna afatigada i triste/ I triste i afatigado io vigna;/ Tu tigna a arma povolada di sogno,/ I a arma povolada di sogno io tigna.", para terminar com esta chave de ouro: "Moltos abbraccio mi deu vucê,/ Moltos abbraccio io tambê ti dê./ U fóra vucê mi deu, e io tambê ti dê u fóra".

Pois a paródia também é uma forma da crítica, revelando as fraquezas da obra parodiada. Juó Bananére só precisa ouvir as expressões nobres de Bilac — "Ora (direis), ouvir estrelas! Certo/ Perdeste o senso!", para sentir a falsidade dessa nobreza e traduzir para seu idioma de plebeus: "Che scuitá strella, né meia estrella!/ Vucê stá maluco! [...]". Mas por que, diabo, estou atribuindo tão "grande impurtanza" a essas paródias?

Uma das mais irreverentes é a da "Canção do Exílio": "Migna terra tê parmeras,/ Che ganta inzima o sabiá./ As aves che stó aqui,/ Tambê tuttos sabi gorgeá./ A abobora celestia tambê,/ Che tê lá na migna terra,/ Tê moltos millió di strella/ Che non tê na Inglaterra. [...]/ Na migna terra tê parmeras/ Dove ganta a galligna dangola/ Na migna terra tê o Vap'relli,/ Chi só anda di gartolla". Aqui está nominalmente citada e ridicularizada uma das figuras de grande prestígio social na São Paulo de então; e como sinal de respeitabilidade e prestígio aparece — a cartola.

Na *Divina increnca*, parecem politicamente interessantes sobretudo as velhas sátiras contra o marechal Hermes ("Hermeze, chirosa griatura..."), que, no entanto, em 1924 já estavam obsoletas. Na verdade, o interesse político do livro está nas paródias literárias. Opondo-se a Hermes, Juó Bananére falou em nome de todos os paulistas. Mas, ridicularizando os poetas parnasianos, desmoralizou a expressão literária da classe dominante, da velha oligarquia dos "cartolas".

Mas por que usava Juó Bananére, para esse fim, o dialeto ítalo-português? Não é dialeto. Essa mistura intencional e literária de duas línguas para fins parodísticos chama-se macarronismo. Entre nós usa-se essa expressão quando alguém fala uma língua que não conhece bem, estropiando-a: "Fulano falou num francês macarrônico". Também se alude ao "latim macarrônico" da Idade Média. Mas é uso inexato do termo. O verdadeiro macarronismo é uma técnica literária que foi antigamente usada em muitos países, sobretudo no século XVI e XVII na França, na Espanha e especialmente na Itália, onde chegou a surgir um grande poeta macarrônico: Teofilo Folengo, autor de uma epopeia herói-cômica, *Baldus*, em língua misturada de italiano e latim, livro que exerceu profunda influência sobre Rabelais e Cervantes.

É uma pena não dispor de espaço para dizer mais sobre aquele estranhíssimo poeta. Foi filho de pobres camponeses, entrou num convento do qual saiu em consequência de grave crise religiosa ou antes antirreligiosa (*acedia*); e depois escreveu aquela epopeia herói-cômica, cuja língua é uma sátira tremenda contra a arrogância dos humanistas latinizados, enquanto o enredo é terrível libelo de acusação contra a degenerada aristocracia italiana. O irmão espiritual de Folengo no século XX foi — James Joyce: este também saiu do colégio dos jesuítas, por *acedia*, para inventar, depois, uma nova língua, um inglês macarrônico. Estou me afastando do assunto deste artigo? Talvez menos que pareça. Joyce é o maior escritor da dissolução social entre as duas guerras mundiais. Folengo, por sua vez, nasceu um ano antes da descoberta da América, que causou a decadência econômica e social da Itália, e morreu em 1554, no auge das guerras de religião, que sacudiram a Europa, destruindo a predominância do humanismo. Seu poema é forma de protesto do povo miúdo contra as falsas máscaras do latinismo e feudalismo que as decadentes classes dominantes usaram, assim como "o Vap'relli chi só anda di gartolla" fazia ou admirava sonetos parnasianos com chave de ouro.

Ainda uma palavra sobre o chamado "latim macarrônico" da Idade Média. Não foi macarrônico. Não foi uma língua morta estropiada, mas um latim vivo, embora com funções diferentes do latim dos romanos: foi a língua profissional da Igreja supranacional, do clero e dos estudantes das universidades medievais, que formavam uma classe numerosa e pouco conformista (e seu poeta foi, muitas vezes macarrônico, o grandíssimo Villon).

Há uma relação entre língua e classe. As classes sociais têm, cada uma, sua própria língua. A língua parnasiana dos "cartolas" de São Paulo não podia ser a mesma da classe mais pobre do Estado, dos recém-imigrados italianos. Deliberadamente ou não, Juó Bananére usou a língua macarrônica ítalo-portuguesa dessa gente para ridicularizar os "cartolas", cujo reino acabou em 1929. Hoje, ainda se estão removendo as ruínas do edifício que desabou, obstáculos à circulação livre nas ruas. E ninguém quer reeditar a *Divina increnca*?*

---

* Publicado originalmente em Otto Maria Carpeaux, *Presenças*, Rio de Janeiro, Instituto Nacional do Livro, 1958.

JUÓ BANANÉRE

Antônio de Alcântara Machado

Com o engenheiro paulista Alexandre Ribeiro Marcondes Machado, morreu na madrugada de 23* o poeta, barbeiro e jornalista Juó Bananére. A homenagem de um minuto de silêncio é tola e representa uma coação insuportável: o sexagésimo segundo é esperado sempre como um alívio. São Paulo deve prantear essa perda irreparável com uma hora de conversa animada (que o assunto dá para tanto e até mais), em cada uma de suas 120 mil casas. Durante muitos anos ele foi o melhor cronista da cidade. Que o burocrata neurastênico, o industrial de vento em popa, o fazendeiro encalacrado, o senhorio sem inquilinos, o comerciante sem fregueses, o operário sem voz ativa, o motorneiro e o motorista, o comendador italiano e o doutor nacional, todos relembrem com admiração e carinho a figura e a obra do morto. Ele foi o cronista mais popular da cidade.

*   *   *

O caipira abobado com os esplendores da Capital, enganado pelos malandros e depenado pelas francesas, nenhum interesse mais podia oferecer. Estava exploradíssimo, sabidíssimo. A imigração italiana trouxera um tipo de anedota magnífico, urbano e bem representativo da nova fisionomia paulistana. Pitoresco, simpático, ufano da bela Itália, satisfeito com a segunda pátria, gesticulante e falante, ótimo para caricatura, citando Dante e intervindo na política local. Voltolino desenhou-o bigodudo, pan-

---

* De agosto de 1933.

çudo, de cachimbo e bengalão. E assim já homem feito nasceu Juó Bananére com salão de barbeiro no Abaixo Piques e colaboração em prosa e verso no O *Pirralho*.

Como todo tipo popular de fantasia que se preza, esse ítalo-paulista (não pelo sangue mas por tudo o mais) se revelou desde logo dono de um extraordinário bom senso. Sobre os acontecimentos e os homens ele dava a opinião da rua. Desabusada e segura. Palmatória do mundo, às vezes maldosa, em regra justiceira. Depois ele próprio, Juó Bananére, era um sarcasmo. Símbolo cômico e ridículo do imigrante que aqui se faz gente, vira importante, dá opiniões. De forma que bastava se declarar amigo de um político para ridicularizá-lo. Nele e através dele o paulista se vingava.

Evidentemente a criatura foi aos poucos ultrapassando os limites que lhe traçara o criador. A princípio mera caricatura do italiano-padrão, com o tempo adquiriu vontade própria, conquistou sua independência, se libertou, firmou e desenvolveu sua personalidade, a impôs ao criador. Lançada na vida da cidade, a ela se incorporou, com ela evoluiu. Cheia de vida, a vida a envolveu, deu-lhe uma função. Juó Bananére ficou sendo o cronista social e político de São Paulo. A ele incumbia a vaia, a missão ridicularizadora. Já não se contentava mais a cidade com as paródias na fala do Brás de poesias famosas. Exigia artigos de fundo, pensamentos, notas políticas, juízos críticos. O poeta, barbeiro e jornalista passou a depor obrigatoriamente sobre os homens e as coisas do seu tempo. Ainda quando não mantinha uma página especial em qualquer revista e parecia em férias, todo fato digno de seu comentário o arrastava para a seção livre da imprensa diária. Ficasse a cidade tranquila: no salão do Abaixo Piques velava Juó Bananére. Pousava a navalha, pegava a pena também afiada e escachava mesmo.

Íntimo e cúmplice de todos os poderosos da vida, vinha cinicamente confessar de público as façanhas inconfessáveis. Assim confirmava a suspeita popular. Era verdade. Ele, Juó Bananére, participara da negociata, embolsara tanto, os descontentes que se queixassem ao bispo mais próximo. Esses momentos de cinismo eram bem mais saborosos que os de indignação. Juó Bananére nada tinha de parecido com o tipo consagrado do Zé Povinho, explorado, ludibriado, eternamente sofredor, vingando-se dos impostos com piadas e sátiras amargas. Não. Juó Bananére possuía influência eleitoral, frequentava os meios governamentais, roncava grosso. Não batia na porta dos importantes; recebia-os em seu salão de barbeiro. Com a autoridade de amigo do peito e compadre, dava conselhos, repreendia, discutia, saía na rua de braço dado. E aí é que estava a vaia.

* * *

Não sei se estão lembrados de certo duelo fracassado que faz seis anos proporcionou a São Paulo um gozo coletivo como nenhum outro em toda a sua vida. Foi o caso que um italiano residente em Paris, julgando-se ofendido através de publicações feitas em jornais daqui por um ítalo-paulista (esse de sangue), extraordinariamente belicoso, resolveu delegar por telegrama a dois amigos a missão de desafiar o ofensor para um duelo. Foi feliz na escolha das testemunhas, que se prestaram admiravelmente ao fim ridículo para que foram destinadas. Com citações a sério de códigos cavalheirescos e outras bobagens, as testemunhas redigiram e (o que é pior) publicaram uma ata concluindo pela impossibilidade do duelo por ser o ofensor um *incapacitado*. O ofensor, por sua vez, continuando o ridículo, arranjou duas testemunhas que redigiram outra ata em sentido contrário, igualmente com apoio no *Codice Cavalleresco Italiano* para demonstrar que o ofendido não era um *gentiluomo* e portanto não tinha autoridade moral suficiente para ser admitido numa *ação cavalheiresca*. Está visto que a publicação dessas duas atas foi um divertimento incomparável para a cidade. Pela seção livre de um matutino, em português quinhentista, castelhano quixotesco e francês de Amadis de Gaula, comentou-se de todo o jeito a inominável cretinice. Mas ao meu ver foi na fala ítalo-paulista, pela pena de Juó Bananére, que melhor se exprimiu todo o ridículo do cavalheiresco sucesso:

Um Duelo de Grande Arcanço

Anumiado peritimo Uff. disimpatadore na guestó du duelo Cav. Uff. On. Comm. Zucco verso Dott. Rinaldo, ariunido cummigo sozinho nu minho saló di barbiere nu largo du Abax'o Piques numaro 100, lavré a siguinte atta chi vai dividamente insignada:
1º) Sendo a distanza che si axa us nimigho um poco grandi u duelo non podi sê ne a pistola ne a spada;
2º) Si us nimigho stasse u Titta Ruffo co Garuso o duelo puteva sê a garganta;
3º) Nu causo presentimo axo chi u duelo deve sê di ereoplano armado di ganó Berta duplo;
4º) É istu che insigna o Codigo da Cavalleria Rusticana, artigolo quaranta quatro bico xatto.

Juó Bananére

Dessa maneira não furtava Juó Bananére a proferir seu juízo em questões de sua incontestável alçada. E o fazia sempre com rara felicidade encerrando o debate. Era dele a última palavra. Dando-a produziu mais de uma obra-prima. Recordei essa. Podia recordar outras. Com Juó Bananére o ridículo dos homens e das coisas ganhava um colorido gritante que o fazia percebido pelos olhos mais ingênuos. Na revista da vida paulistana o *peritimo Uff. disimpatadore* representava o papel de compadre. Não era público. Era ator também. Subia no palco para comentar o espetáculo.

Juó Bananére, cidadão de São Paulo, se conservou sempre profundamente italiano. Interpretando bem o sentimento da maioria da colônia, ele se julgava credor da terra de adoção sem lhe dever coisa nenhuma. Nem reconhecimento. *Istu aqui é robba italiana*, escrevia ele. E a brincadeira exprimia uma convicção. A realidade do tipo exigia frases como essa. E porque exprimia alto o que os outros segredavam na intimidade, era sem dúvida o líder porta-voz da colônia.

* * *

Do escritor só se pode dizer bem. Antes e depois dele muitos tentaram poetar e prosar na língua misturada do Brás. Todos ficaram muito longe do autor da *Divina increnca*. O português macarrônico dos italianos de São Paulo teve em Juó Bananére o seu grande estilista. Há de ficar clássico. As deformações da sintaxe e da prosódia, aqui italianização da língua nacional, ali nacionalização da italiana, saborosa salada ítalo-paulista das costureirinhas, dos verdureiros, dos tripeiros, também de alguns milionários e vários bacharéis, todos eles com raras exceções torcedores do Palestra, os interessados podem estudar nos textos de Juó Bananére. Modelos de estilo.

Por isso mesmo uma edição póstuma se impõe ilustrada com as caricaturas de Voltolino. O escritor e o desenhista se completam na fixação de um tipo que resume quase todo o pitoresco de São Paulo. Tipo que será cada vez mais raro, fadado a desaparecer suplantado pelo japonês possivelmente, bem menos cordial, bem menos alegre ou de uma alegria diferente, bem mais estranho, impermeável, desconcertante, trazendo ao paulista já desconfiado e retraído uma contribuição poderosa de desconfiança e retraimento. Fadado a desaparecer, porque o fascismo estancou a imigração e os poucos que deixa vir não são imigrantes, mas agentes partidários, não vêm fazer a América mas fazer política. De maneira que Juó Bananére era o representante dessa admirável corrente imigratória interrompida desde alguns anos e que culminou para proveito nosso em tantos condes, comendadores, grandes oficiais, majores da Briosa, chefes políticos do PRP. Com os recém-chegados não tinha ele nenhuma afinidade. Era homem de outra geração, de outra mentalidade, sobretudo de outra simpatia.

Fará falta à cidade, São Paulo da banda dos Bersaglieri, São Paulo da festa de São Vito, São Paulo das comemorações de 20 de setembro, São Paulo do Palestra Itália, São Paulo dos garibaldinos, São Paulo das caricaturas de Voltolino, São Paulo de Juó Bananére. Os garibaldinos morreram. Morreu Voltolino. Juó Bananére morreu. A cidade vai ficando diferente.

Inútil pensar numa placa de rua. Voltolino não tem a sua. As autoridades municipais acharão de mau gosto dar a Juó Bananére a dele. Quanto ao engenheiro Alexandre Ribeiro Marcondes Machado, emprestou tanta vida à sua criatura que ela o escondeu. E no caso isso é que se chama glória literária.*

---

* Publicado originalmente na coluna "Cavaquinho" do *Jornal do Comércio*, de São Paulo, e republicado em Antônio de Alcântara Machado, *Cavaquinho e saxofone: solos (1926-1935)*, Rio de Janeiro, José Olympio, 1940.

NOTA BIOGRÁFICA

Alexandre Ribeiro Marcondes Machado nasceu em Pindamonhangaba, São Paulo, em 1892. Concluiu o curso secundário em Campinas, onde iniciou a carreira profissional no jornalismo. Em 1911, ingressou na Escola Politécnica, em São Paulo. Nesse mesmo ano, escreveu seu primeiro artigo para o jornal O *Pirralho*, dirigido pelo jovem Oswald de Andrade, assinando com o pseudônimo de Juó Bananére.

Em 1915 publicou sua obra mais famosa, *La divina increnca*, com capa e ilustração de Voltolino, que em 1909 desenhara pela primeira vez o personagem de Bananére. No entanto, sua colaboração no *Pirralho* — onde assinou as seções "As Cartas d'Abax'o Pigues" e "O Rigalegio" — foi interrompida em novembro de 1915, após ter publicado um artigo satírico acerca de Olavo Bilac, em razão do qual foi demitido.

Como Juó Bananére, Machado escreveu ainda várias comédias teatrais, como *A guerra ítalo-turca* (1913), *Você vai ver* (1917), *Aluga-se um quarto* (1919) e *Vai dar o que falar* (1923), entre outras. Após a saída de O *Pirralho*, participou como fundador dos tabloides O *Queixoso* (1915), *Vespa* (1916) e, mais tarde, do *Diario do Abax'o Piques*, por ele lançado em maio de 1933. Faleceu poucos meses depois, em São Paulo, aos 41 anos.

Publicada em 1915, *La divina increnca* conheceria várias edições nos anos seguintes. Nelas, o autor acrescentaria sucessivamente, até a nona edição de 1925, oito novos poemas, a peça *A ceia dos avaccagliado*, as histórias dos "Crimos Celebros" e outros poemas avulsos.

Juó Bananére

LA DIVINA INCRENCA

*Reprodução integral
da primeira edição de 1915*

*com capa e ilustração de
Voltolino*

CON a impubricaçó distu livro pretendo intrá p'ra Gademia Baolista di Lettera i pr'as pagina da storia patria i da posteritá. Tambê io, come o Jota Jota i o Dante, quero sê o *Immortale*

— BANANE'RE. —

LIVRO DI PROPAGANDA DA LITERATURA NAZIONALE

Juó Bananére

LA DIVINA INCRENCA

> Arma virumque cano!
> FERRI.

> È di saí du guvernimo acarregado nus braço du povo!
> HERMEZE.

PRIMIERA EDIÇÓ

> A bandiera du P. R. C. á di sê pindurada na porta du Palazzo né chi segia tutto furada di bala i lameada di sangue.   CAPITÓ.

Zan Baolo 1915.

CIRGOLO VIZIOZO

Prú Maxado di Assizi

O Hermeze un di aparlô:
— Se io éra aquilla rosa che stá pindurada
Nu gabello da mia anamurada,
Uh! che bô!

A rosa tambê scramô,
Xuráno come un bizerigno:
— Se io éra aquillo gaxorigno,
Uh! che brutta cavaçó!

I o garorigno pigô di dizê:
— Se io fossi o Piedadô,
Era molto maise bô!

Ma o Garonello disse tambê
Triste come un giaburú:
— Che bô se io fosse o Dudú!

Fabula di Lafontana

O GORVO I O RAPOSO

Traduçó futuriste

M estre gorvo n'un gaglio sintadigno,
  Tenia nu bico un furmaggio;
Mestre rapozo sintino u xirigno,
Aparlô nistu linguagio:

— Eh! dottore Gorvo, bondi'!
Come stá o signore, stá bózigno?
Come o signore é bunitigno!
Té parece uma giuriti'.

Aparláno a virdade pura,
O' xirósa griatura!
Si o vostro linguagio
E' uguali co vostro prumagio,
Giuro per Zan Biniditto
Che in tutto istu distritto
Non tê ôtro passarigno
Chi segia maise bunitigno.

— 6 —

O gorvo ficô tó inxado
Con istas adulaçó,
Chi até paricia o Rodorfo
Nu tempo da intervençó.

I p'ra amustrá o linguagio
Abri os brutto bicô,
I dixô gai' o furmagio
Chi o Raposo logo pigô

I dissi:

Sô gorvo, o signore é un goió
Piore do Gapitó!
Ma aprenda bê ista liçó,
I non credite maise in dulaçó;
I assi' dizéno fui s'imbóra,
Si rino do gorvo gaipóra.
O Gorvo, danado da a vida,
I co logro che illo livô,
Pigô un pidaço di gorda
I s'inforcô.

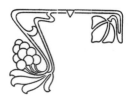

Migna Terra

Migna terra tê parmeras,
   Che ganta inzima o sabiá,
As aves che stó aqui,
Tambê tuttos sabi gorgeá.

A abobora celestia tambê,
Chi tê lá na mia terra,
Tê moltos millió di strella
Chi non tê na Ingraterra.

Os rios lá sô maise grandi
Dus rio di tuttas naçó;
I os matto si perdi di vista,
Nu meio da imensidó.

Na migna terra tê parmeras
Dove ganta a galligna dangolla;
Na migna terra tê o Vapr'elli,
Chi só anda di gartolla.

— 8 —

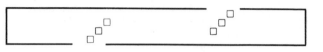

VERSIGNOS

Q uano vejo uma minina,
Fico lógo paxonado!
Dô una ogliada p'ra ella,
I vô saino di lado.

* * *

Fui andáno pr'un gamigno,
Incontrê un piga-pau.
Fui guspi' nu passarigno
I guspi' nu Venceslau.

* * *

Barbuleta di aza adurada,
Minina da migna paxó!
Agiugué nu giacaré,
I perdi meu quinhentó!

* * *

O Hermeze tê xirigno,
O ratto morto tambê!
O capitó tê caguira,
O migno saló tambê.

Atiré un lemó verdi,
Lá na torre du Belê;
Dê nu gravo, dê na rosa,
I no Capitó tambê.

* * *

Lá vê a lua surgino,
Uguali c'oa pomarolla;
Si vucê non gazá cumigo,
Ti batto c'oa gaçarola.

* * *

Genti véglia non tê denti
Griança tambê non tê;
O Capitó non tê dignêro
Io non tegno tambê.

* * *

Quano Gristo fiz o mondo,
Uguali come una bolla,
O Spensero Vapr'elli
Andava giá di gartolla.

* * *

Piga-pau é passarigno,
O pappagallo tambê.
Tico-tico non tê denti,
Migna avó tambê non tê.

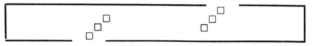

AMORE CO AMORE SI PAGA

P'ra migna anamurada

Xiguê, xigaste! Vigna afatigada i triste
I triste e afatigada io vigna;
Tu tigna a arma povolada di sogno,
I a arma povolada di sogno io tigna.

Ti amê, m'amasti! Bunitigno io éra
I tu tambê era bunitigna;
Tu tigna uma garigna di féra
E io di féra tigna uma garigna.

Una veiz ti begiê a linda mó,
I a migna tambê vucê begió.
Vucê mi apisô nu pé, e io non pisê no da signora.

Moltos abbraccio mi deu vucê,
Moltos abbraccio io tambê ti dê.
U fóra vucê mi deu, e io tambê ti dê u fóra.

SUNETTO FUTURISTE

P'ra Marietta

T egno una brutta paxó,
P'rus suos gabello gôr di banana,
I p'ros suos zoglios uguali dos lampió
La da Igreja di Santanna.

E' mesimo una perdiçó,
Ista bunita intaliana,
Che faiz alembrá os gagnó
Da guerre tripolitana.

Tê uns lindo pesigno
Uguali ccs passarigno,
Chi stó avuáno nu matto;

I inzima da gara della
Tê una pinta marella,
Uguali d'un carrapatto.

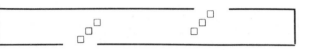

Fabula di La Fontana

O Lobo i o Gorderigno

Traduçó du Bananére

Un dia n'un riberó
Chi tê lá nu Billezinho,
Bebia certa casió
Un bunito gorderinho.

Abebia o gorderigno,
Chetigno come un *juruti'*,
Quano du matto vizigno
Un brutto lobo sai'.

O lobo assi' chi inxergô
O pobre gordêro bibeno,
O zogiios arrigalô
I lógo giá fui dizeno

— Olá! ó sô gargamano!
Intó vucê non stá veno,
Che vucê mi stá sujano
A agua che io stô bibeno!?

— Ista é una brutta galunia
Che o signore stá livantáno,
Vamos xamá as testimunia,
Fui o gordêro aparlano...

Non vê intô sa excelencima,
Che du lado d'imbaixo stó io
I che nessun ribêro ne rio,
Non gorre nunca pr'a cima?

— Eh! non quero sabê di nada!
Si vucê non sugiô a agua,
Fui vucê chi a simana passada
Andô dizeno que io sô un pau dagua!

— Mio Deuse! che farsidade!
Chi genti maise mintirosa,
Come cuntá istas prosa,
Si tegno seis dia d'indade?!

— Si non fui vucê chi aparlô,
Fui un molto apparicido,
Chi tambê tigna o pello cumprido.
I di certo chi é tuo ermô.

— Giuro, ó inlustro amigo,
Che istu tambê é invençó!
Perche é verdade o che digo,
Che nunca tive un ermó.

— Pois se non fui tuo ermó,
Cabemos con ista mixida;
Fui di certo o tuo avó
Chi mexê c'oa migna vida.

I aveno acussi parlato,
Apigó nu gorderigno,
Carregó illo p'ru matto
I cumeu illo intirigno.

MORALE: *O que vale nista vida é o muque!*

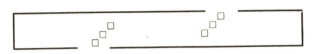

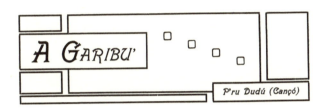

P'ru Dudú (Cançó)

Una lenda du Rio,
Cuntá mediatamenti!
O amor che a Nairia
Tigna co Prisidenti.
O pobri Maresciallo,
Con gara di gavallo
Andava pelas rua sê fi,
Assuspirando assi.

   O' mia Garibú!
   Migno fijó co angú!
   Mi dá tuo goraçó,
   Che io tambê ti dó
   Migna Garibú.

Un dia nun brutto giantáro,
Che tive in Gaxambú
O Hermeze apidi a mó
Da sua Garibu'.
Uvisi un gritto forte:
Oglia o goió sê sorte!
I Garibú, a pobri infilizi,
Xóra, inguanto illo dizi:

— 16 —

O' mia Garibu',
Zoglios di boi zebú!
Podi insgugliambá,
Che io ê di gazá
Só c'oa Garibú.

Até a porta du palazzo,
Insgugliambáro c'oelli
I butáro inda a sua gabeza,
A gartolla du Vapr'elli.
Ma nista mesima casió,
Un milagro tive intó:
Che o Maresciallo, inguanto xurava,
A gartolla mormorava:

O' dona Garibu'!
Zoglios di boi zebú!
O Dudú tê urucubaca
Chi dá na genti
O' Garibú.

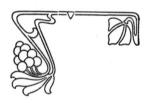

O studenti do Bó Ritiro

Poisia Patriotica

Antigamenti a scuola éra rizogna e franga;
Du veglio professore a brutta barba branga
Aparicia un cavagnac da relia,
Che pugna rispetto inzima a saparia.
O maestro éra un veglio bunitigno,
I a scuola éra nu Billezigno.
Di tardi inveiz, quano cabava a scuola,
Marcáno o passo i abaténo a sola,
Tutto pissoalo iva saino in ligna,
Uguali come un bando di pombigna.
Ma assí chi a genti pigliava o portó,
Incominciava a insgugliambaçó;
Tuttos pissoalo intó adisparava,
I iva mexeno c'oa genti chi passava.

* * *

Oggi inveiz stá tutto mudado!
O maestro é un uómo indisgraziado,
Che o pissoalo stá molto chétamente
E illo giá quére dá na gente.
Inveiz un dí intrô na scuóla un rapazigno
Co typio uguali d'un intalianigno,
O perfilo inergico i o visagio bello
Come a virgia du pittore Rafaello.

Stava vistido di lutto acarregado,
Du páio chi murreu inforgado.
O maestro xamô elli um dia,
I preguntô: — Vucê sabi giograffia?
— Come nó!? Sê molto bê si signore.
— Intó mi diga — aparlô o professore —
Quale é o maiore distritto di Zan Baolo?
— O maiore distritto di Zan Paolo,
O maise bello e ch'io maise dimiro
E' sê duvida o Bó Ritiro.
O maestro furioso di indignaçó,
Batte con nergia u pé nu chó,
I gritta tutto virmeligno:
— O migliore distritto é o Billezigno.
Ma um aguia du piqueno inveiz,
C'oa brutta carma disse otraveiz:
— O distritto che io maise dimiro,
E' sê duvida o Bó Ritiro!
O maestro, furioso di indignaçó,
Alivantô da mesa come un furacó,
I pigano un mappa du Braiz
Disse: Mostri o Bó Ritiro aqui si fô capaiz!
Aóra o piqueno tambê si alivantô
I baténo a mon inzima o goraçó,
Disse: — O Bó Ritiro stá aqui!

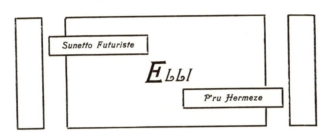

Sunetto Futuriste

Elli

P'ru Hermeze

I o sugné certa notte,
Che vi un brutto cumbatto
Nu meio du matto,
Che tenia surdado piore dos gafagnotte.

I Elli, o ermó du Giangotte,
Bunito come un indisgraziato,
Iva na frente du combatto,
Amatáno os nimighio a xicotte.

Tuttos munno indisgambava,
Quano o migno Dudú passava
Uguali d'un Napoleó.

Disposa una purçó di angio pigáro elli,
Butáro na gartóla du Vapr'elli,
I liváro p'ru ceu come un rojó.

ELLA

Sogramigna

Sogramigna infernale chi murré
Vintes quattro anno maise tardi che devia,
Fique aí a vita intêra i maise un dia,
Che io non tegno sodades di vucê.

Nu doçe stante che vucê murrê
Tive tamagno attaque di legria,
Che quasi, quasi, murri aquillo dia,
Co allegró chi apagnê di ti perdê.

I oggi cuntento come un boi di carro,
I maise libero d'un passarigno,
Passo a vita pitáno o meu cigarro,

I maginando chi aóra inzatamente
Tu stá interrada até o piscocigno
Dentro d'un brutto taxo di agua quente.

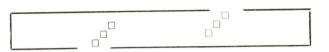

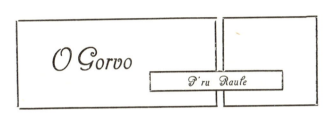

O Gorvo

P'ru Raule

A notte stava sombria
Temia a ventania,
Chi assuprava nu terrêro
Come o folli du ferrêro.

Io stavo c'un brutto medó,
Lá dentro du migno saló,
Quano a gianella si abri
I non s'imagine o ch'io vi!

Un brutto gorvo chi entrô,
I mesimo na gabeza mi assentô!
I disposa di pensá un pochigno,
Mi dissi di vagarigno:

— Come vá, so giurnaliste?
Vucê apparece chi stá triste?!
— Non signore, sô dottore...
Io stô c'un medo do signore!

— Non tegna medo, Bananére,
Che io non sô disordiére!
— Poise intó desça di lá,
I vamos acunversá.

Ma assí che illo descê
I p'ra gara delli io ogliê,
O Raule ariconhecí,
I disse p'ra elli assí:

— *Bôa noute Raule, come vá!*
Intó vucê come stá?
Vendosi adiscobrido, o rapaize,
Abatê as aza, avuô, i disse: *nunga maise!*

As Pombigna

P'ra aviadore chi pigô o tombo

Vai a primiéra pombigna dispertada,
I maise otra vai disposa da primiéra;
I otra maise, i maise otra, i assi dista maniéra,
Vai s'imbora tutta pombarada.

Pássano fóra o dí i a tardi intêra,
Catáno as formiguigna ingoppa a strada;
Ma quano vê a notte indisgraziada,
Vorta tuttos in bandos, in filêra.

Assi tambê, o Cicero avua,
Sobi nu spaço, molto alê da lua,
Fica piqueno uguali d'un sabiá.

Ma tuttos dia avua, allegre, os pombo!...
Inveiz chi o Muque, desdi aquillo tombo,
Nunga maise quiz sabê di avuá.

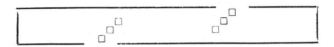

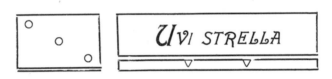

UVI STRELLA

C he scuitá strella, né meia strella!
    Vucê stá maluco! e o io ti diró intanto,
Chi p'ra iscuitalas moltas veiz livanto,
I vô dá una spiada na gianella.

I passo as notte acunversáno c'oella,
Inguanto che as otra lá d'un canto
Stó mi spiano. I o sol come un briglianto
Naçe. Oglio p'ru céu: — Cadê strella!?

Direis intó: — O' migno inlustre amigo!
O chi é chi as strellas ti dizia
Quano illas viéro acunversá contigo?

E io ti diró: — Studi p'ra intendela,
Pois só chi giá studô Astrolomia,
E' capaiz di intendê istas strella.

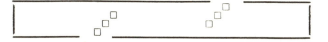

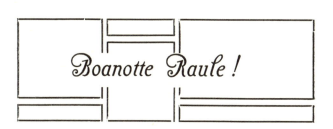

Boanotte Raule! Io vô s'imbóra!
Boanotte, boanotte, ó Bananére...
Boanotte, Raule! é molto tardi...
Ma non mi aperti a mó dista maniéra.

Boanotte io digo i tu mi dize, boanotte!
Ma non basta só isso non signore...
Raul! mi impresta duzentó p'ru bondi,
I non scugliamba dispois faccia o favore.

Raule iscuita! um gallo alli na squina,
Cantô un canto mesimo agurigna.
Vucê diz chi é mentira?... intó é mesimo...
Chi cantô fui di certo una galligna.

Si lá na praça surgi o Bascualino,
Cumprido, uguali d'una assombraçó,
Intó dirê tremendo di paura:
— Guardimi Deus das paulificaçó!

Ainda é notte! Vamos durmí Raule!
Stá fazéno un frio indisgraziato.
Vamos intrá imbaxo os gobertore,
I durmí come dois garrapato.

A froxa luiz distu safado gaiz
Giá stá só na ponta du biquigno!
Stá tó scuro, Raule, stá tó scuro,
Ch'io giá non vegio né teu gollarigno.

Ai! canta a storia du "meu boi murrêu",
Dá risada, sospira, ganta, xóra...
Raule, Raule, é notte ainda;
Che s'importa, Raule!... Non vô s'imbóra!.

Botti ingoppa di mim teu sopratudo
Come a cappa d'un tirburi ô d'un garro,
I dexami durmi amurmuráno:
— Boanotte Raule! Mi dá un cigarro!?

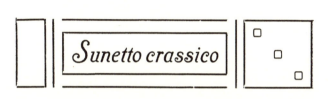

Sunetto crassico

Sette anno di pastore, Giacó servia Labó,
Padre da Raffaela, serena bella,
Ma non servia o pai, che illo non era troxa nó!
Servia a Raffaela p'ra si gazá c'oella.

I os dia, na esperanza di un dia só,
Apassava spiano na gianella;
Ma o páio, fugino da gombinaçó,
Deu a Lia inveiz da Raffaela.

Quano o Giacó adiscobri o ingano,
E che tigna gaido na sparrella,
Ficô c'um brutto d'um garó di arara

I incominció di servi otres sette anno
Dizeno: Si o Labó non fossi o pai della
Io pigava elli i li quibrava a gara.

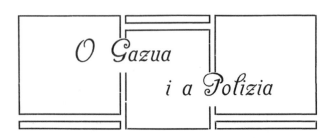

O Gazua i a Polizia

Nu arto du Garvaglio tenia una cruiz,
I pindurado ingoppa, o corpo de Jesuis.
Notte di tempestá. Nuvolas gôr di garvó,
Corria pelo çeu come um bando di leitô.
A lua, redonda come una melanzia
I branga come un biglietto di lotteria,
Derramava na terra una illumiçó
Migliore du gaiz i migliore du lampió.
Du Braiz a Barafunda, do O' ao Billezigno,
Non si iscuitava né um baruligno.
Jesuis, prigado na cruiz stava spiráno
I os corvo imbaxo stava spiáno.

* * *

Numa óra chi stava mesimo a scuridó,
O Gristo iscuitó un baruligno, i intó
Ogliô i viu surgi d'indo glaró da lua,
C'uma lamparina na mó, o Juó Gazúa.
O ladró, acuntenprano a gara di Jesuis,
Tó sereno i tó chetigno, apagô a luiz
I indisgambô... Ma n'istu momento inzato,
Parecêu na frentre delli o Lacarato
I gridó:

— 29 —

In nomi da legge! Steje preso!
O Gazúa fiz un gettigno di dispreso,
I aparlô: Passi di largo cumpagnêro,
Che io só amigo do Dudú i do Pignêro.
— Non vó nu imbruglio dissi o Lacarato
I non si mexa dai sinó ti mato.
O Gazua, tremendo di paúra, dissi:
                                 Dottore!
Che disegia di min? Chigné o signore?
— O Lacarato, subrindiligato lá nu Bó Ritiro
I a maise di un meiz che io ando dano un giro
P'ra pigá tuttos ladró d'ingoppa a zona.
— Iscuita sô Lacarato! per la Madona!
Mi dexa eu i s'imbora, faccia o favore
Che io li dó un montó di prata p'ru signore.
O Lacarato intó pigô di dá risada
I dissi: — Guarde istu dignêro gamarada,
Che o dignêro rubado pertence p'ru ladró,
Come o figlio p'ru paio, i o paio p'ru avó.
Guardi istu dignêro bê dentro da argibêra
Chi é p'ra pruvá chi é vucê o attor da robagliêra
Tu á di i p'ru xadreiz sô indisgraziato!
E io ê di mandá tirá o tuo ritrato,
Butá imbaxo: — Istu ritrato é d'un ladró —
I mandá pindurá in tutta staçó.
E di dá ordi p'rus surdato ti scondê,
Chi é p'ru Giurio non podê ti bissorvê.
I aóra va chéto, giunto co surdado,
Che io vó pricurá aqui p'ra istu lado,
Si incontro ôtro chi intrô na nigociata.

* * *

Dissi istu i saiu pricurá o Xico Prata.

O Gazua assi chi xigô na prisó,
Pigô una corda e s'inforcô.

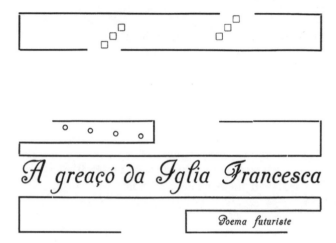

A greaçó da Iglia Francesca

Poema futuriste

O Giangotte, per arcugna antiga o tabelió,
Ermó du Maresciallo, o nostro Napoleó,
Tive un di un pensamente novo;
Infiô as mó nu borso du Zé-povo,
Tirô di lá tuttos aramo chi incontrô,
Cumprô una iglia i deu p'ru suo ermó.
I assi dista maniéra molto fresca,
Fui che illo fiz a tale iglia Francesca.
Disposa, tiráno da gabeza un xapelló,
Un segolo mais veglio du migno avó,
Agiugô inzima a iglia,
I fiz un cielo uguali d'una meraviglia.
In seguida pigô o don Ciccio, goitadigno!
Rancô d'ingoppa a gabeza d'elli tuttos gabelligno,
Spaglió ingoppa a iglia molto bê spagliato,
I dista maniéra illo criô o matto.
Pigô disposa u Amanço co *xalé*,
I fiz assi o alifanto, o porco, o giacaré,
O mastrodonto i tutta bixarada.
Prigáno disposa una brutta guspagliada

Inzima a iglia, o guspo assí che caiu
Si transfurmó i fiz o Ceano i fiz os rio.
Aóra só farta o uómo, disse elli.
I pigô intô a gartolla du Vapr'elli,
Butô dentro un giacá di stupideiz,
Amassô deize o vinte veiz,
Misturô tambê nu meio un papagallo,
I fiz dista maniéra u Maresciallo.
Inda fartava una cosa certamente!
Una molhére p'ru inlustro prisidente.
Pigô intó una bunequigna tagarella,
Assuprô o sopro da vita inzima della,
Intregô p'ru suo ermó
I lavô as mó.
Disposa, arubô, arubô, arubô,
I fui otraveiz sê tabellió.

Os meus otto anno

O chi sodades che io tegno
D'aquillo gustoso tempigno,
Ch'io stava o tempo intirigno
Bringando c'oas mulecada.
Che brutta insgugliambaçó,
Che troça, che bringadêra,
Imbaxo das bananêra,
Na sombra dus bambuzá.

    Che sbornia, che pagodêra,
    Che pandiga, che arrelia,
    A genti sempre afazia
    Nu largo d'Abaxo o Piques.
    Passava os dia i as notte
    Brincando di scondi-scondi,
    I atrepáno nus bondi,
    Bulino cos conduttore.

Deitava sempre di notte,
I alivantava cidigno
Uguali d'un passarigno,
Allegro i cuntento da vita.
Bibia un caffé ligêro,
Pigava a penna i o tintêro,
I iva curréno p'ra scuóla.

　　　　　　Na scuóla io non ligava!
　　　　　　Nunga prestava tençó,
　　　　　　Né nunga sapia a liçó.
　　　　　　O professore, furioso,
　　　　　　C'oa vadiação ch'io faceva,
　　　　　　Mi dava discompostura;
　　　　　　Ma io era garadura
　　　　　　I non ligava p'ra elli.

Inveiz di afazê a liçó,
Passava a aula intirigna,
Fazéno i giogáno boligna
Ingoppa a gabeza dos ôtro.
O professore gridava,
Mi dava un puxó di oreglio,
I mi butava di gioeglio
Inzima d'un grão di milio.

　　　　　　Di tardi xigava in gaza,
　　　　　　Comia come un danato,
　　　　　　Puxava u rabbo du gatto,
　　　　　　Giudiava du gaxorigno,
　　　　　　Bulia c'oa guzignêra,
　　　　　　Brigava c'oa migna ermá;
　　　　　　I migna mái p'ra cabá,
　　　　　　Mi dava una brutta sova.

Na rua, na visignança,
Ero mesimo un castigo!
Ninguê puteva commigo!
Buliva con chi passava,
Quibrava tuttas vidraça,
I giunto co Bascualino
Rubava nus butteghino,
A arangia pera du Rio.

　　　　　　Vivia amuntádo nus muro,
　　　　　　Trepado nas larangiéra;
　　　　　　I sempre ista bringadera
　　　　　　Cabava n'un brutto tombo.

Ma io éra incorrigive,
I lógo nu otro dia,
Ricominciava a relia,
Gaía traveiz di novo!

A migna gaza, vivia
Xiigna di genti, assim!!...
Che iva dá parti di mim.
Sembrava c'un gabinetto
Di quexa i rigramaçó.
Meu páio, pobri goitado,
Vivia atrapagliado
P'ra si livrá dos quexozo.

I assi di relia in relia,
Passê tutta infança migna,
A migna infança intirigna!
Che tempo maise gotuba,
Che brutta insgugliambaçó,
Che troça, che bringadêra,
Imbaxo das bananêra,
Na sombra dus bambuzá!

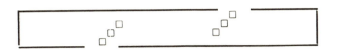

F aize quattro anno inzatamente migna genti
    Che subi p'ra presidenti
    A xirosa griatura.
Tuttos munno ariclamáro i prutestáro
    Ma nu fin tuttos cançáro
    I subi u *garadura*.

    I o garadura subi
    I di lá non quiz sai.

* * *

O Ri Barboza che non é di bringadêra
    I che non-pega na xalêra
    Nê si vende pur dignêro
Fiz un discorso la inzima du Gazino
    I xamô elli di gretino
    I di gaxôrro du Pignêro.

    Mas o Hermeze non ligô
    I lá chetigno ficô.

Vignô disposa as inleçó qui di Zan Baolo
   I o nimal du maresciallo
   Quiz fazê a tervençó
Ma o Oxinton chi non tê medo di garetta
   Quano vi a cosa pretta
   Mandô cumprá uns gagnó.

   I o Hermeze arripiô
   I non fiz maise a tervençô.

* * *

Ma o Pignêre c'umas parti di valente
   Vigno qui direttamente
   P'ra tuma satisfaçó!
Ma os Baolista chi é un pissoalo di valôre
   Pregôli un contravapóre
   Che illo fui pará nu chó.

   Uh! che bonito tombigno!
   Goitado du Pentifigno.

* * *

Dista maniéra in tuttas parte insgugliambádo
   O Dudú pobri goitado
   Apparicia un cão sê dono.
Tuttos giurnale só xamava illo di vacca
   Di gretino, urucubacca,
   Di goió, gara di mono.

   Imbax'o dos assubio
   Vivêa o Dudú nu Rio.

* * *

Fossi na rua, nu cinema, o lá na praia
   O Dudú livava a vaia
   Até si artirá

Dista maniêra insgugliambado in tuttas parti
O Dudú virô *smarti,*
I pigô di anamurá.

Ai! ai! oglia a cara delli
Parece até o Vapr'elli.

* * *

N'un instantigno illo cavô una piquena
Una lindigna murena
Lá d'inzima o gorcovado.
Di Nairia si xamava o nomi della,
I come una satanella
Indominô o namurado.

I o Hermeze goitadigno,
Gaiu come un pattigno.

* * *

I un die si gazáro con festanza
I fizéro una liança
Ella o Pignêro i o maresciallo.
I desdi intó o goitadigno du Brasile
Apparéci un covile
Di gatuno di gavallo.

Goitadigna da Naçó
Gaiu na bocca do lió.

* * *

O Maresciallo c'oa Nairia i co Pignêro
Azuláro cos dignêro
Gá du Banco da Naçô.
I un restigno che scapô distu pissoalo
O ermó du Maresciallo
Passô a mó, abafô!

I o Brasile goitado!
Ficô pilado, pilado!!...

— 38 —

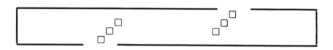

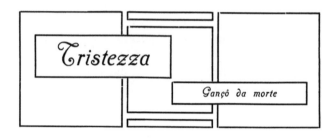

Tristezza

Gançô da morte

Io dexo a vita come un tirburêro,
Chi dexa as rua sê cavá frigueiz;
Come un pobri d'un indisgraziato,
Chi giá andô na Centrale arguna veiz;

Come Gristo chi fui grucificato,
I assubí p'ru çéu come un rojó!
Só levo una sodade unicamente:
E' daquilla pinguigna lá du O'.

Só levo una sodades:—d'una sombra
Che nas notte di inverno mi cubria...
Di ti — ó Juóquina, goitadigna,
Che io amatê con tanta cuvardia.

Discançe migna cóva lá nu Piques,
N'un lugáro sulitário i triste,
Imbaxo d'una cruiz, i scrivan'ella:
— *Fui poeta, barbiére i giurnaliste!*

Sodades di Zan Baolo

Tegno sodades dista Poliçea,
Dista cidade chi tanto dimiro!
Tegno sodades distu çeu azur,
Das bellas figlia lá du Bó Ritiro.

Tegno sodades dus tempo perdido
Xupano xoppi uguali d'un vampiro;
Tegno sodades dus begigno ardenti
Das bellas figlia lá du Bó Ritiro.

Tegno sodades lá da Pontigrandi,
Dove di notte si vá dá un giro,
I dove vó si spiá come n'un speglio,
As bellas figlia lá du Bó Ritiro.

Andove tê tantas piquena xique,
Chi a genti sê querê dá un sospiro,
Quano perto per caso a genti passa,
Das bellas figlia lá du Bó Ritiro.

Tegno sodades, ai de ti — Zan Paolo!
Terra chi eu vivo sempre n'un martiro,
Vagabundeano come un begiaflore,
Atraiz das figlia lá du Bó Ritiro.

Tegno sodades da garôa fria,
Agitada co sopro du Zefiro,
Quano io durmia ingoppa o collo ardenti
Das bellas figlia lá du Bó Ritiro.

Gançó

O Varredore da Rua

C'oa musica dos Gondolèro du amore

Teus oglio só pretto, pretto,
Uguali da pomarolla;
Só maise negro i oscuro,
Chi o fundo da gaçarolla.

Pindurada na gianella,
Imbaxo da luiz da lua,
Teu zoglios vê allegrá
O varredore da rua

Tua voiz é una ganzone,
Ma proprio napuletana,
Chi faiz a genti vibrá
Uguali c'oa barbatana.

I come bebi a pinguigna,
O piru' i a pirúa,
Bebi os teus gantos aóra
O varredore da rua.

Tua risada quirida,
E' o toque d'un violó
Chi vê battê dirittigno,
Ingoppa u meu goraçó.

Quano a notte stá safada,
I non tê gaiz i né lua,
Tê a luiz do teu sorrizo,
O varredore da rua.

Teu amore é una strella,
I é una lamparina,
Che mais migliore d'un sole,
Migna vita inlumina.

Tu é o meu begiaflôre,
— Un passarigno chi avua —
O amor, a namurada,
Do varredore da rua.

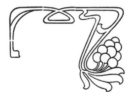

INDICE

	Pag.
Cirgolo Viziozo	5
O gorvo i o Raposo	6
Migna terra	8
Versignos	9
Amore co amore si paga	11
Suneto futuriste	12
O lobo i o gorderigno	13
A Garibu'	16
O studenti du Bó Ritiro	18
Elli	20
Sogramigna	21
O gorvo	22
As pombigna	24
Uvi strella	25
Boanotte Raule!	26
Sunetto Crassico	28
O Gazua i a polizia	29
A greaçó da Iglia Francesca	31
Os meus otto anno	33
O Dudu'	36
Tristezza	39
Sodades di Zan Baolo	40
O varredore da rua	42